AF268082

# TRAITTÉ NECESSAIRE POVR ACCORDER LES DIFFERENTES OPINIONS SVR LE SVIECT DE LA GRACE.

A PARIS,

Chez PIERRE DV PONT, ruë des sept-Voyes,
deuant Sainct Hilaire.

M. D. C. L.
Auec Approbation des Docteurs.

GRACE

**M** ONSIEVR,

Ie serois iniuste si traitant d'vne matiere qui met la diuision entre les plus grands hommes du siecle, ie prenois vn autre arbitre, que celuy qui descend des premiers personnages de l'antiquité, i'ay encore consideré, que si mon Poeme auoit besoin de quelque soustien, ie ne pouuois pas choisir vn meilleur protecteur, que celuy qui compte parmy ses ancestres, des *admiraux de France*, tant de *Princes de l'Eglise*, qui n'ont pas moins maintenus l'interest de l'Estat, par les armes & leurs sage conduitte, que celuy de l'Eglise par leur vertu & leur doctrine : Mais ie ne souhaitte point ouurir les tombeaux de ces *Heros Illustres*, n'y chercher chez tant de morts, ce qui se treuue si parfaitement en vostre seule personne : cette viuacité d'esprit ce port genereux, cette grande pieté, cette prudence qui reluit dans toutes vos actions, cette haute esperance que tout le monde à conçeüe de vous, sont les seuls motifs qui m'ont obligé de vous presenter ces vers, & me font esperer que si vous n'auez pas encore surpassé toutes ces sublimes vertus qui ont paru dans ces illustres ; la nature vous ayant desia donné tant d'accez pour y paruenir, la Grace ne vous refusera pas ses faueurs, ce sont les vœux de

Monsieur,

Vostre tres-humble & tres-
obeïssant seruiteur  A D T.

# TRAITTÉ
# NECESSAIRE
## pour accorder les differentes opinions sur le suject de la Grace.

SI mon cœur allumé d'vne celeste ardeur,
Entreprend aujourd'uy de chanter la splendeur ;
De ce rayon qui sort de la beauté premiere,
Qui se nomme Secours, Esprit, Flame, Lumiere,
Ce diuin instrument dont Iesus-Christ se sert
Pour regagner à luy ce que le peché pert,
Cognu chez les Chrestiens sous le nom de la Grace ;
Mortels aymez mon zele, & souffrez mon audace.
  Et vous Diuin Esprit, mon esprit esclairant,
Descouurez vostre gloire en ce Poeme ignorant,
Dissipez mes erreurs, & chassez mes tenebres,
Reuelez à ma foy ces verités celebres,
Qui consolent les bons confirment les parfaicts
Confondent les hautains ingrats a vos bienfaits,
Par qui vostre bonté se voit magnifiée ;
Et du premier pecheur la mort viuifiée,
Dans ce sentier estroict ne m'abandonnez pas,
Veillez fraïer ma trace & conduire mes pas :
Bannissez de chez moy la doctrine fameuse,
Qui passe pour solide & n'est que curieuse ;
Dont le commencement paroissant specieux,
La fin estonne vn foible, & flatte vn vicieux.
  Ie pretends dans mes vers que chaque esprit m'accorde,
Que Dieu nous preuient tous par sa misericorde ;

A

Qu'il offre a tous mortels vne sincere paix,
Que qui ne veut perir ne perira iamais:
  Quand du fruit interdict Eue fut assouuie,
Et qu'en Adam perdu tous perdirent la vie:
Que par ce coup fatal vn monde fut atteinct,
Qu'en c'est Astre eclipsé tout Astre fut eteinct:
Dieu touché des mal-heurs de la nature humaine,
De son throsne eternel sa bonté souueraine,
Fit descendre vn Saueur comme vn Adam nouueau;
Qui de ces feux esteincts r'alumast le flambeau,
Que ce qui fut perdu par l'excez d'vn seul crime,
Fut reparé par luy, qu'il fut nostre victime
Exposé par l'Amour à tous les rudes coups,
Que le couroux du Ciel deuoit lancer sur nous,
Affin q'ayant payé par son sang nostre offence;
Chacun peut dans son sang puiser son indulgence.
  De ce thresor commun comme il est infiny,
Personne n'est esclas personne n'est banny;
La grace est vn soleil qui luict sur tous le monde,
Toute terre par luy se peut rendre feconde:
Et ne s'eclipse point qu'au cœur de l'orguilleux,
Qui par son propre effort se croit digne des Cieux.
  Mal-heur sur toy Pelage, & tes bandes ingrates;
Qui derobes à Dieu le bien dont tu nous flattes,
Et qui pour trop donner au pouuoir naturel
Dis qu'on se peut passer des dons de l'Eternel;
Tu leues insolent vne main sacrilege,
Pour rauir à la croix son fruict, son priuilege;
Et veux aneantir comme vn thresor perdu,
Le merite du sang sur son bois rependu:
Donc ses effusions sont pour nous inutiles,
Puisque sans luy nos champs peuuent estre fertilles
Et que par le trauail de nostre liberté,
Chacun peut s'esleuer iusqu'à la saincteté.
  Et vous Serpent du Nort de qui l'haleine infecte
Inspire le venin d'vne contraire secte;

Vicleph, Luther, Caluin, vous ofez fouftenir,
Que Iefus Chrift pour tous n'a pas voulu venir :
Liberal de fon fang, prodigue de fa vie,
Auare de ces dons quand il fe facrifie;
Qu'il lance de la croix le foudre qui nous pert,
Fermant le Paradis quand fon cœur eft ouuert :
Qu'il priue la plus part du fruict de fon fupplice;
Qu'il ne fe monftre grand qu'en fa grande iuftice,
Que quoy que Iefus paye, Adam eft aux liens;
Qu'Adam refpend fes maux plus que Iefus fes biens :
Si de Pelage altier la doctrine eft fuiuie,
En vain deffus la croix vn Dieu perdroit la vie :
Et fi l'on croit l'erreur dont Caluin eft l'Auteur,
De tous peuples en vain Dieu feroit Createur :
    Entre ces deux ecueils le fouuerain monarque,
Par le foufle du Ciel pouffe la faincte barque ;
Ou Sainct Pierre conduit les vrais enfans de Dieu,
Loing des extremités au chemin du milieu.
Elle cognoift du Ciel vne grace premiere,
Caufe de fon falut, fource de fa lumiere;
Dont le diuin fecours qui ne manque à pas vn
Luit fans ceffe fur nous comme vn rayon commun,
Mais elle n'efteinct pas de la caufe feconde
Ce prefent qu'en naiffant Dieu fit a tout le monde :
Ce libre Arbitre humain qui peut & receuoir,
Et refufer la Grace au gré de fon vouloir;
Non en donnant des Loix à la grandeur fupréme
Ny retenant vn bras qui peut tout par luy mefme,
Mais vfant bien ou mal du don fur naturel
Que luy prefte au befoing le bras de l'Eternel;
Dieu, qui nous veut fauuer prefente a tous fa grace,
Mais laiffant l'homme libre il veut que quoy qu'il faffe
Son bien de fon fecours depende tellement,
Qu'il ne foit point fauué fans fon confentement.
    Si mes vers ne deuoient porter plus haut la gloire,
Des fainctes verités que la foy nous faict croire,

Pour dreſſer à l'Egliſe vn triomphe de paix,
Des Armes, & des biens des ennemis desfaits ;
Et parer ſes Autels des malheureuſes reſtes,
Que nous ont mis en main leurs deſpouilles funeſtes :
Ie n'aurois maintenant que faire de narrer ;
En deſtail tous les points ou l'on voit s'eſgarer,
Et Pelage & Caluin, de deux contraires ſectes,
L'vn & l'autre fameux & maudits Architectes.
    Pelage dit, qu'Adam quoy qu'il n'eut point peché,
De nos mal-heurs preſents auroit eſté touché :
Que la mort ne fut point de ſon crime l'ouurage,
Mais d'vn eſtre fragile vn commun apanage :
Voulant faire ſortir des mains du tout puiſſant
Cét homme mal-heureux, imparfaict, periſſant :
Qu'il ſe perdit tout ſeul, & qu'apres ſon offence,
Nous naiſſons auſſi purs qu'il fut en ſa naiſſance ;
Qu'il ne fit mal qu'à luy, qu'ainſi ce criminel,
Ne nous à point chargez du vice originel :
Que du Bapteſme ſainct le Sacrement ſublime,
Ne laue dans l'enfant la tache d'aucun crime :
Que ſans eſlection il ne peut auoir fait,
Mais qu'eſtant crée libre, il deuient plus parfaict,
Le iour de ſa raiſon eſtant comme vne aurore,
Qui prend vn nouueau iour du Soleil qu'il adore :
Quand outre les preſents qu'il à deſia chez ſoy
Par les droicts de nature il à ceux de la foy.
    Pelage s'il eſt vray ce qu'a dit ton caprice,
D'ou vient aux fils d'Adam ce penchant à tout vice,
Eſtant formés des mains de la Diuinité,
L'obſcur ne peut ſortir du ſein de la clarté,
Donc qui de nos mal-heurs dans leur fatalle courſe,
Veut ſuiure le torrent n'en peut trouuer la ſource :
Qu'en Dieu d'où ſe repend par infinis canaux,
Le mal qui nous corrompt de ces impures eaux :
Voy iuſqu'où ta porté la fureur qui t'inſpire,
Et dis auec Sainct Paul, que naiſſans enfans d'ire,

Du ventre maternel nous portons auec nous,
Dans nos sens reuoltez les marques du couroux.
    Mais loing de se sousmettre & bouffy d'arrogance,
Appuyant ses rayons sur sa feinte innocence,
Il poursuit en disant que par vn noble effort,
L'homme maistre de soy peut ariuer au port :
Que de nos passions la tempeste ordinaire,
Ne peut faire eschoüer vne vertu seuere ;
Puis que par la raison que chacun a chez soy,
Chacun peut obseruer ce qu'ordonne la loy :
Ainsi faict il passer pour vne aide assés forte,
Vn flambeau presque esteint, vne escriture morte ;
Et tient qu'à a vertu dont nous sommes Autheurs,
Dieu, peut joindre s'il veut sa grace & ses faueurs,
Mais qu'auec tous les dons reçeus àla naissance ;
Nous pouuons nous passer de sa magnificence :
Cét ainsi qu'il destruict les dons du sainct esprit,
Les merites sacrez du sang de Iesus-Christ,
Le mouuement secret de la premiere grace,
Et c'est ainsi qu'armé d'vne impudente audace,
Vomit contre le Ciel son blaspheme effronté,
L'arrogant aduocat de nostre liberté,
    Prophane tu sentis le foudre de l'Eglise,
Qui retient vne fois ce dernier coup qui brise ;
Lors qu'à diospolis vne double terreur,
Te fist ioindre en trompeur, le mensonge à l'erreur,
Où crainte d'attirer l'Anatheme & le blasme,
Ta voix desauoüa ce qu'aprouua ton ame,
Mais au lache combat & du cœur & du front,
Tu ne remporta rien qu'vn eternel affront ;
Tu voulus d'Orient esuiter le tonnerre,
Mais celuy d'Occident te renuersa par terre
Ton cœur fut descouuert & l'on vit son venin,
Couler en chaque mot de ton liure malin,
Lors le Ciel par les mains d'Innocent & Zosime,
Vengea son interest, en punissant ton crime :

D'hipone le Prelat, ce Soleil des Latins,
Et L'hermite fameux des deserts Palestins,
Augustin & Ierosme en leurs escrits solides,
Triompherent tous deux de tes erreurs perfides
Enfin les Saincts Prelats dans Cartage assemblez,
Censurants tes cayers par des coups redoublez,
Eurent sur ton esprit vne entiere victoire,
Lors chassé de l'Eglise & proscrit par honoire,
Tu finis mal-heureux, & portas au cercueil,
Tous les supplices deus à ton ingrat orgueil,
Qui dict qu'estant exempt de vice & de misere
La mort de ton Sa>ueur ne t'est point necessaire,
Que son exemple seul, & son instruction,
Suffit pour te conduire a la perfection :
  Va maudit esprouuer dans ta longue disgrace,
  La iustice d'vn Dieu dont tu nias la grace,
Toy qui creus te pouuoir passer du Redempteur,
N'espere plus l'auoir pour glorificateur.
  Mais ô peine ! ô mal-heur cette erreur s'esteint-elle :
Qu'il en nait de sa cendre vne autre aussi mortelle,
Qui s'approchant plus prez des celestes clartez,
Voudroit passer au rang des Sainctes veritez,
Elle sçait detester cette fausse doctrine,
Qui nous contient exemps du peché d'origine,
Elle abhorre l'orgueil de Pelage qui dit,
Que l'on se peut passer du sang de Iesus-Christ,
Et ne sçauroit souffrir cette arrogante audace,
Qui soustient que l'on peut se sauuer sans la Grace,
Mais apres ces esclairs dont le brillant nous luit,
On voyt noircir, l'orrage & le tonnerre suit,
Cette secte pretend, que toute homme commence,
L'œuure de son salut, par sa pure puissance :
Que libre & raisonnable, il peut, & bien choisir,
Et du bien qu'il eslit conceuoit le desir,
Que par son propre effort son soing & sa poursuitte,
Il n'est grace du Ciel qu'vn mortel ne merite ;

Faut-il faire paſſer les dons du Souuerain,
Pour vn bien qui s'acquiert par le courage humain,
L'effect de ſa vertu le fruict de ſon enuie,
Ce qu'vn Dieu nous acquit par le prix de ſa vie.

  Superbe areſte-la, ſçache que Ieſus-Chriſt,
Peut ſeul à l'eternel reioindre noſtre eſprit,
Son ſang pacifiant le Ciel auec la Terre,
Sa ſeule Croix nous met à l'abry du tonnerre,
Ce fut de Caſſian le ſens pernicieux,
De Pelage & des ſiens, les reſtes mal-heureux.

  Cette erreur qui d'abord flatte noſtre courage,
Sur l'eſprit d'Auguſtin prit iadis aduantage,
Mais apres eſclairé des diuines clartés,
Pour l'abattre on ſe ſert de ſes auctorités,
Changé par l'Eternel, qui iamais ne ſe change
Ce Docteur ſouſtenu du Concile d'Orange,
Eſcrit que le ſalut de ceux qui ſont eſleus,
A ſon principe au Ciel, d'où leurs cœurs ſont eſmeus
Par l'inuincible coup d'vne obligeante Grace,
Dont l'homme en l'acceptant eſprouue l'efficace,
Que ce don de la Foy, ces efforts vertueux,
Sont des faueurs du Ciel qui precedent nos vœux,
que ſa grace eſt vn bien qui tous nos biens deuance,
qui ſe donne en preſent, & non en recompence,
que ſi Dieu du Payen ſans ſa Foy, ſans ſes Loix,
Les morales vertus, recompence par fois,
Comme au centurion que l'Euangile nomme,
La Grace ne ſuit pas le merite d'vn homme;
Mais l'inſpiration tout merite preuient,
qui reçoit vn ſeçours, vn ſeçours il obtient.
Ainſi l'on ne peut voir de vertu dans le monde,
qui ne ſorte grand Dieu de Ta ſource feconde,
Et ſon commencement, ſon progres & ſa fin,
Deſpend inceſſamment de ton ſecours diuin.

  Il ſembloit que l'Egliſe apres cette Victoire,
Sur tous ces deux partis iouyroit de ſa gloire,

Goustant sous ces Lauriers, le doux fruict de la Paix ;
Mais cét esprit d'erreur qui ne se rend iamais,
R'allume son flambeau dans l'enfer de ses flammes,
Pour d'vne autre lueur deceuoir mieux les ames :
Cét ennemy iuré de toute verité,
Passe pour la destruite en l'autre extremité,
N'ayant sçeu de la Grace vsurper le domaine,
Se metant du party de la Nature humaine ;
Il arme maintenant de noüueaux apostats,
Pour entrer d'éguisé en des noüueaux estats,
Qui n'a peu rien gaigner par sa fiere arrogance,
Veut maintenant tromper sous vne humble apparence ;
Contre nos libertés, l'erreur s'arme la main,
De qui le contre-coup blesse le Souuerain ;
La trompeuse ne faict sous cette modestie,
Que rendre tout mortel diuersement impie :
Où l'vn par desespoir, où l'autre par orgueil,
Beaucoup de libertins, heurtent du mesme escueil,
Le foible y pert l'espoir s'imprimant que la Grace,
N'est point vn bien pour luy quelque effort qu'il se fasse,
Des-là de l Eternel il blasme la bonté,
Qui refuse son ayde à sa fragilité,
Et sa maudite voix du fond de cét abisme,
Oze bien l'accuser d'estre autheur de son crime :
L'autre se rend superbe en se croyant sauué,
Et se flatte d'vn bien dont le reste est priué.
Le libertin fait fort de la Grace efficace,
Qu'il attend dans son temps quelque vie qu'il fasse.

   Poison lent & mortel de ces peuples glacés,
Qui du nom Catholique ont les traits effacés,
D'Allemagne, d'Holande & de l'Isle mutine,
Qui sous Henry huictiesme à changé de doctrine.

   Ministres du Demon Caluin, Vicleph, Luther,
Qui prestez laschement vos armes à l'Enfer,
En vain esperez vous auec ces pointes fines,
Battre Hierusalem ; vos subtilles machines :

Ont beau pointer leurs coups vers vn autre cofté,
Vis a vis des erreurs de noftre antiquité;
Sion n'a point de peur du Ciel edifié,
Par tout efgallement elle eft fortifiée,
Dieu la veille toufiours du throfne de la paix
Et fon œil eternelle ne s'en laffe iamais,

   Fidelles de vos cœurs banniffez toute crainte,
D'vne indigne terreur n'ayez point l'ame atteinte,
Vous ne broncherez point qu'elle que foit la nuict,
Vne inuincible main vous garde & vous conduit
Mais Dieu veut quelque foing qu'il ayt pour fon Eglife,
Que l'ame veille a foy pour n'eftre point furprife,
De ce venin caché fous vn apas mortel,
Ces fils de Canaan parlant comme Ifraël,
Ils contrefont leurs voix, ils compofent leur mine,
Ils aiuftent la lettre a leur fauffe doctrine,
De la chafte beauté dont ils font les flatteurs,
Ils fe feignent amants, & font fes corupteurs,
D'vn zelle plus ardant que l'efpoux légitime,
Sous vn tranfport d'amour ils colerent leur mine,
Mais a qui fçait leur feinte & fonde leur raifon,
Leur feruice eft iniure & leur feu trahifon,
Penfent ils desbaucher auec leurs feintes flames,
La Grace du Sauueur, & la rauir aux ames.
Pour en faire a leur gré pour fe l'aproprier,
Priuer de fes faueurs tout l'Vniuers entier,
Pour cela ces flateurs font la guerre a Pellage,
S'alarment comme nous de fon maudit langage:
Et renuerfants de Dieu les fouueraines loix,
Ils ozent fe nommer defenfeur de fes droicts;
Contre les fiers efprits de qui l'ingrat courage,
S'enfle des libertés qui font leur efclauage,

   Ainfi pour exalter les dons du Souuerain,
Il nous tiennent captifs fous fa diuine main,
Efclaues du pouuoir d'vne Grace operante,
qui neceffite l'homme & s'en rend triumphante,

C

Ainſi ſous la couleur d'vn deuoir ſpecieux,
Il feignent de ſe rendre au Sainct ordre des Cieux.
　　Pardonnez moy grand Dieu ſi i'eſcris ce blaſphemē,
Ce dogme iniurieux à ta bonté ſuprémes,
Qui voudroit refferer de ton honneur ialoux,
Cette immenſe douceur qui s'eſtend deſſus tous.
　　Apres auoir vomy cette rigueur ſi dure,
Ils diſent la puiſer dans la Saincte eſcriture.
Mais tel qu'vn clair ruiſſeau dans ſon lict ineſgal,
Roulant ſur vn fond d'or, vn mobile criſtal,
Offre ces pures eaux pour ſoulager la peine,
Du paſſant alteré qui perd preſque l'haleine,
Que ſi ſa main ſoüillée entre aux flots argentés,
Par ce meſlange impur change ſes qualités,
L'eau claire auparauant, auſſi toſt qu'il y touche,
Perd ce qu'elle a de net, & va ſalle en ſa bouche,
Ainſi de ces ſubtils les eſtranges eſprits:
Donnant vn ſens contraire aux oracles eſcrits,
Gaſtent vne liqueur dont la ſource eſt celeſte,
Qui garde en autre main ſa candeur manifeſte,
Seuls ils la puiſent trouble, y coulant vn venin,
Qui corromp pour eux ſeuls leau du fleuue diuin.
　　A leur mauuais deſſein ils ioignent l'artifice,
Appliquant l'eſcriture au gré de leur caprice,
Sous vn accent deuot & ſous vn humble port
On les prendroit pour gens que l'on condamne à tort,
Mais cet œil eternel qui voyt la conſcience,
Met leur malice au iour, il en prend la vengeance,
A Cologne & dans Sens, par l'aduis des Prelats,
Et Luther & Caluin ſont iugez Apoſtats,
L'Egliſe apres dans Trante acheue leur ruine,
Lançant le feu du Ciel ſur leur fauſſe doctrine.
　　Pour la mieux deteſter obſeruons leurs erreurs,
Ces dangereux Serpens ſe gliſſent ſous les fleurs,
Se couurants ſous l'eſmail d'vne telle peinture,

Pour mieux piquer le simple, en cachant leur figure.
    Adam ce difent-ils, ce merueilleux effect,
Fut crées libre, heureux, immortel, & parfaict,
Mais foudain reuolté du iour de fon offence;
Il perdft tous les dons qu'il eut en fa naiffance;
Ce Roy de l'Vniuers deuenu criminel,
Fuft au point de fon crime & captif & mortel,
Il perd fa liberté ce glorieux Empire;
Ny luy ny fes enfans ne peuuent plus eflire,
Apres ce grand naufrage oú perit tout fon bien,
Du Berceau fes enfans apportent leur lien,
Efclaues d'vn inftinct du tout hereditaire,
Qui les porte au peché comme vn poids neceffaire.
Ils font toufiours le mal fans pouuoir l'éuiter,
Si ce n'eft quelques vns que Dieu veut excepter,
Que la Grace rauit d'vne telle puiffance,
Que l'ame ne fçauroit y faire refiftance,
L'vn fait vn bien forcé, l'autre vn vice contraint,
Qui ne voit en tous deux le libre arbitre efteint,
Et que luy refte-til de fa gloire paffée,
Que de voir de plain gré fa volonté forcée?
Quant à ce libre choix ou du mal ou du bien,
Il perit en Adam, & n'en refte plus rien:
Mais comme les Demons au feu de leur fupplice,
Deuenus obftinez en leur noire malice,
Font le mal librement quoy que neceffitez
De demeurer toufiours dans leurs iniquitez,
Et comme dans le Ciel afranchis de mifere,
Les Saincts par vn amour, & libre & neceffaire,
Ayment le cher autheur de leur felicité,
Confirmez en faueur, en gloire, en fainteté,
Ainfi les fils d Adam delaiffez dans la Naffe,
Preiugez par auance indignes de fa Grace,
Font de gré les pechez qu'ils ne fçauroient fuïr,
Et fe plaifent au mal qu'ils ne peuuent haïr:
De mefme celuy-là que la Grace domine,

Que des l'Eternité le Seigneur predeftine,
Faict agreablement vn bien neceffité,
Pour lequel il n'a point de vraye liberté,
Rapidement pouffé dans cette lice heureufe,
Par la Grace d'vn Dieu toufiours victorieufe.

Ainfi nul des mortels n'a choix dans ces liens,
Qu'entre differents maux, entre differend biens,
Adam feul floriffant au Iardin des delices,
Peut librement choifir des vertus ou des vices:
Il pecha mal-heureux en pouuant l'efuiter
Mais de puis fes enfans, ne fçauroient refifter.
A ce mal que chacun trouue dedans foy mefme,
Ainfi tes loix feront legiflateur fupreme,
Impoffibles a tous, Adam feul excepté,
Au feiour d'innocence & d'immortalité,
Mais peux tu condamner par ta faincte Iuftice,
Ceux que ta loy conduit dedans le precipice,
Tu commande la cource à l'efclaue anchainé,
Et s'il ne marche pas, tu veux qu'il foit damné,
O tirannique erreur qui refpend fa malice,
Tantoft fur ta bonté, tantoft fur ta Iuftice,

Mais ce fleuue d'Enfer qui ferpente toufiours,
A ces impietés n'arrefte point fon cours,
Ainfi qu'vn grand Torrent lors qu'il fe precipite,
Qu'entre diuers Rochers fon onde prend la fuite,
Pour cacher dans la terre en des fecrets caneaux,
L'impetuofité de fes rapides eaux,
Redoublant fon fier bruict, vers la fin de fa courfe
Effraye tous nos fens qu'il flatoit en fa fource,
De mefme faict Caluin dans fa derniere erreur,
Qui finiffant fon cours augmente fa fureur,
Il dit que l'Eternel d'vn feuere courage,
Ne veut pas ô rigueur fauuer tout fon ouurage,
Que la plus part de ceux qui reçoiuent le iour,
Ne goufteront iamais le fruict de fon amour,
Qu'vn nombre fort petit que fon cœur predeftine,

Eſt crée pour iouyr de la gloire diuinē :
Que le monde n'a point ce ſecours ſuffiſant,
que l'Egliſe croit eſtre vn general preſent :
Que Dieu donne à ſa grace vne efficace extréme,
Dont l'art toũſiours vainqueur, rauit l'homme à luy meſmē,
Et que ce mouuement maiſtre de noſtre choix,
Nous touchant, nous oblige à receuoir ſes loix.
Caluin tire de là cette horrible hereſie
que peu d'ames ont part à la mort du Meſſie,
que Ieſus ſur la Croix en ſon diuin excez,
De la fieure d'Adam ne guerit point l'accez :
En la plus part des ſiens dont les ames contraintes,
Trouuent loing de regner leurs libertés eſteintes :
Que leur Dieu mal-contant ou ne s'apaiſant pas,
Du tribut que ſon fils luy paye en ſon treſpas :
Ou bien ce fils ayant par ſa mort la puiſſance,
De pardonner à tous retient ſon indulgence.
    Quoy ce ſang ſur la Croix fume-til de couroux,
Et des mains de l'amour ſort-til de pareils coups ?
Il eſt vray qu'en Adam nous ſommes miſerables,
Tous indignes de Grace eſgallement coupables,
Et quoy qu'à quelques vns plus de faueurs il donne.
Son ſecours toutesfois perſonne n'abandonne.
Grand Dieu ſi ton Prophete a dit que ta clemence
Surpaſſe tout effeċt de ta magnificence,
Se tromperoit-il bien en ce iour ſolemnel,
Où ta fureur eſclate au monde criminel.
Le grand nombre ſe perd où l'on voit ta Iuſtice
Par deſſus ta bonté luyre dans leur ſupplice,
Qui lance deſſus nous ſon coup d'vn tel effort,
que Ieſus en mourant nous exclut de ſa mort :
Punis, grand Dieu, punis l'execrable blaſpheme,
Venge, venge l'honneur de ta bonté ſupreme,
Frape d'vn foudre ardent ce rebelle cruel,
Fais ouurir à ſes pieds vn abiſme eterenel :
    Mais c'eſt à ces horreurs trop preſter d'audience,

De ces dogmes pēruérs ma memoire s'offencē :
Mes vers en font foüillez , il eft temps deformais ,
De ranger ce rebelle , & punir ce mauuais ,
Qui feint d'edifier , & ne fait que deftruire ,
De la grace de Dieu l'Vniuerfel Empire.
Tiens nous dans ton Eglife ô Dieu qui la deffens ,
De cefte opinion , cruel à fes enfans ,
Elle a chaffé ces Loups hors de fa Bergerie.
L'europe a condamné , leur damnable herifie ,
Et mis hors du combat par ces Prelat du Nort ,
En France , en Allemagne , ils eurent mefme fort ꞉
Mais en dernier reffort leur caufe fut iugée ,
L'enfer fut furmonté , la verité vangée ,
Au Concile fameux que l'Eglife affembla ,
De fon dernier carreau ꞇrante les accabla ,
Et defcouurant leurs fonds rauit à leur malice ,
Le manteau d'Auguftin dont ils couuroient leur vice.
　　Ces oracles facrés de la diuinité ,
Dont toutes nos clartés empruntent leur clarté ,
Dans leurs diuins Canons ont frappé d'anatheme ,
Qui du peché d'Adam dict que le mal extreme ,
Confommant la Iuftice , & l'immortalité ,
Priue en vn mefme temps l'homme de liberté.
De ceft Aftre obfcurcy quoy qu'vn amas denues ,
Faffe que ces fplendeurs femblent eftre perduës ,
Le feu n'eft pas du tout efteint par le peché ,
Il fubfifte toufiours quoy qu'il foit empefché ,
Et le Ciel s'expliquant par la voix des fainéts Peres ,
Dont les mains ont les clefs des Augufte myfteres ,
Nous enfeignent que Dieu quand il touche le cœur ,
Quoy qu'il pouffe , & qu'il preffe , n'en eft pas le vainqueur ,
Que l'homme de plein gré ne vienne à fe rendre ,
Cette Grace ne forcē aucun cœur à la prendre ;
C'eft ainfi qu'en tout temps , c'eft ainfi qu'auiourd'huy ,
Chacun fe peut fauuer s'il trauail auec luy.
　　Dans le mefme Concile on bat cette doétrine ,

Qui dit que nul ne peut garder la Loy diuiné :
Là ce sacré Senat conduit du sainct Esprit,
Nous apprend le vray sens de l'Apostre qui dit :
Que Dieu veut le salut de toute creature,
Et que pour adjouster la Grace à la Nature
Qu'vn secours suffisant preuient tout cœur humain,
Que chacun peut, s'il veut, seruir le Souuerain.
C'est ce qu'obtient pour tous l'Agneau qui viuifie,
Lors qu'il destruict la mort en immolant sa vie,
Puis que par les efforts d'vn amour liberal,
Le remede est plus grand que ne fut nostre mal.

   Si l'ame toutesfois apres le sacrifice
Sent encore en ses sens l'impression du vice :
Ce Serpent qui paroist, vif apres son trespas,
Languissant ne peut nuire à qui ne le veut pas.
Que si depuis ta Croix l'Abisme s'ouure encore,
Si dessous ton Laurier le foudre me deuore :
C'est que mon cœur peruers feint de faire vn effort,
Pour cueillir, ô Iesus, le doux fruict de ta Mort :
Pour s'appliquer ton sang qui coule en abondance,
Ce Thresor que l'amour a mis en ma puissance.
Lors maistre de moy mesme en cette liberté,
I'abuse de mon bien selon ma volonté :
Ainsi Sauueur de tous, quoy que nostre malice,
Nous priue la plus-part du fruict de ton supplice :
Le crime est le Dedale où nostre ame se pert,
Mais qui veut en sortir trouue vn bras qui le sert.

   Perisse donc, grand Dieu, cette noire imposture,
Qui blesse ta bonté, qui blesse la Nature :
Et porte sa fureur dessus toy, dessus nous,
Te desrobant le nom de Redempteur de tous,
Loing des extremités où cette erreur se fonde,
Par le bruict esclatant des oracles du monde :
Des Prophetes premiers, des Apostres nouueaux,
Qui pour nous esclairer vnissent leurs flambeaux,
Nous apprenons que Dieu luit sur toute la Terre,

Que l'esclair de l'amour deuance son tonnerre;
Qu'il ne punit que ceux qui refusent ses dons,
Que les plus criminels peuuent deuenir bons :
Que toute ame par luy peut sortir d'esclauage,
Dieu sans exception cherit tout son ouurage.
　　Que s'il se trouue encore apres ces grands decrets,
Des Iuges souuerains, les souuerains Arrests,
Quelque esprit indompté, voyons quelle aparence,
Il donne aux visions de sa fausse croyance.
Soleil de nos esprits par tes rayons diuins,
Fonds la neiges grand Dieu, qui couurent les malins :
Mets au iour la couleur dont l'erreur se desguise,
Et monstre de quel art se faict leur entreprise :
Ie voy desia tirer de l'Arsenac affreux,
Du rebelle Caluin les restes mal-heureux :
Des boucliers roüillés, des armes despiecés,
Mille lames d'Acier aux pointes esmoucées,
Qu'on remet sur l'enclume, & que pour reparer
Cent Ciclopes nouueaux taschent à redorer :
On fourbit, on netoye au fourneau d'vn faux zelle,
Ces vieux darts, on leur donne vne trempe nouuelle,
Et ie voy qu'aujourd'huy l'on employe ce fer,
Sous le nom d'Augustin, & du sçauant Prosper :
Qu'on altere les sens du sincere langage,
Des Consiles diuins, d'Orange & de Cartage :
Desia ce bruict fatal qui flate les demons,
Dont l'Eglise se meut, dont s'affligent les bons :
Presche en prose & en vers l'oppinion impie,
De toutes les erreurs l'erreur la plus hardie,
Que Iesus sur la Croix n'a point prié pour tous,
Qu'il n'appaise point là tout le diuin courroux :
Et qu'il prend de nos maux vne telle vengeance,
Que le peché d'Adam surmonte la clemence.
　　Vn deluge iadis, Dieu voulant de sa main
Abismer l'Vniuers, perdit le genre humain :
Quand les nuës creuant de pluye & de tonnerre,

Firent

Firent changer ēn Mer la face de la Terre :
Que si ce Souuerain dont la bonté sur nous,
Faict prodiguer ses dons, & moderer ses coups,
   En excepta Noë par vn traict de clemence:
Ne donnera-t'il pas vne entiere Indulgence;
En ce deluge sainct qui des sources des Cieux
Faict couler icy bas vn Torrent pretieux ?
Ce sang ne peut-il pas restablir la Nature?
Quoy ne coule t'il point sur chaque creature;
Quoy, cest Arc bien-heureux dessus la Croix tendu?
N'annonce point la Paix pour le monde perdu ?
Si dans les liures Saincts : où nostre foy se fonde,
Il est dit que Iesus veut sauuer tout le monde :
Il s'entend, disent-ils, de ce monde excepté,
Que l'Eternel choisit pour la felicité :
De l'ame des esleus que sa Grace maistrise,
Seuls d'entre les mortels que son choix fauorise :
Mais que des reprouuez il n'est point le Sauueur,
Que ce monde n'a point de part à sa faueur,
Qu'on ne doit pour le sort des ames criminelles ;
Qu'attendre de sa main des faueurs temporelles ;
Que le vice d'Adam allumant sa fureur,
Merite cét effect de sa iuste rigueur ;
Qu'il, n'ont point, ô Iesus, de droict en tes conquestes,
Non plus que les demons, & non plus que les bestes.
   Que si la verité d'vn ton de Majesté,
Oppose à ces hardis toute l'Antiquité.
Cette paix de tout siecle, & cette voix publique,
Qui iusqu'à nostre temps par les Pasteurs s'explique,
Dans l'Eglise eclairée en ses sombres destours,
D'vn Soleil eternel qui la guide tousiours :
Abondans en leurs sens, ils ont la frenesie ;
De tenir les plus Saincts pour suspects d'heresie.
Disant que ces piliers de la Saincte Sion,
Se sont tous abusez en leur Decision ;
En sorte que depuis le fameux Origene,

E

Iufqu'au feul Auguftin leur foy n'eft point bien faine ;
Que tous, excepté luy, heurtent au mefme efcueil,
Du fuperbe Pelage, & que deuant leur œil
Vn mefme rideau noir monftre vn mefme Phantofme,
Qu'Ecumene le grand, l'eloquent Chrifoftome,
Le clair Teophilacte, & tant d'autres Autheurs,
Qui parurent en Grece, au temps de ces Docteurs ;
N'ont iamais rien compris dans le profond miftere,
De la grace de Dieu quoy qu'ils ayent peu faire.

    Icy pour mieux dreffer leur Argument malin,
Ils couurent leur raifon de celle d'Auguftin,
Aux liures où ce Sainct de Pelage & Celefte,
Heureufement vainqueur, deftruit l'erreur funefte :
Leur art, eft d'arracher, & prendre adroictement
Dans leur fatalles mains ce puiffant inftrument,
D'empoifonner la pointe à cefte arme diuine ;
Pour affener leurs coups fur la faincte doctrine,
Où le Ciel par l'Eglife expofe fon vray fens
Au Concile de Trente, & dans celuy de Sens.

    En effect, difent-ils, feroit-il bien poffible
Que l'on peut refifter au vouloir inuincible
D'vn Dieu fi par fa mort il nous veut tous aux Cieux ?
N'auront-il pas fait luire en tous temps, en tous lieux,
Des Prophetes paffez la primitiue aurore,
Et dans la Loy d'amour le Soleil qu'elle adore ?
Que d'hommes cependant en tous lieux & faifons,
Amoureux de leur mal, charmez de leurs prifons,
Les Payens ignorans la verité premiere,
Efclaues de leurs fens, trompez dans leur lumiere ;
N'ont iamais rien apris dans vn fi long mal-heur,
Du Meffie futur, ny du vray Createur.
Et depuis l'heureux temps que la fplendeur du Pere
Sous vn voile mortel fa lumiere tempere ;
Pour refpendre fur nous fes clartés & fes feux,
Et diffiper la nuict de nos Climats affreux :
Que de païs encore, où fon fainct Euangile,

N'a point semé le grain dans leur terre sterile.
Cette vaste Amerique en son monde nouueau,
Voit à peine briller son lumineux flambeau ;
Les habitans fameux de la sçauante Chine,
Des Graces du Tres-haut ont-il reçeu nul sine:
Tant de Canadiens, tant de peuples diuers,
Separez d'auec nous par de si vastes mers :
Soit vers la terre Australe aux inconnus Empires
Où n'ont iamais encore abordé nos Nauires :
Ou soit vers l'Aquillon, tous ces sauuages lieux
Sont priuez iusque icy de la Grace des Cieux,
Sans mystere & sans Foy, de là ie voy conclure,
que ces gens ont receu les seuls dons de nature,
Mais qu'ils n'ont iamais eu Dieu que pour Createur,
Sans pouuoir esperer de l'auoir Redempteur :
Sa faueur se limite en tous ceux qu'il rebute :
Au present qu'il luy plaist donner à chaque brute,
Comme eux ils ont la vie, & s'ils ont la raison,
Le vice l'a renduë esclaue en sa maison ;
Ils pensent, ces ingrats, faisant voir Dieu seuere,
Exalter sa grandeur par sa iuste colere,
Iusques à soustenir qu'au choix de Iesus-Christ,
Du Royaume Eternel la pluspart est prescrit :
Et s'il peuple tousiours ceste terre où nous sommes,
Ce n'est pas pour sauuer vn plus grand nombre d'hommes.
    Non, s'il ayme Iacob, ou s'il hayt Esaii,
qu'il exclut de sa gloire, où cét autre est esleu,
C'est tellement son choix qui fait ceste conduite,
qu'il ne les iuge pas sans coulpe & sans merite :
Mais loing de ces aduis, ils disent, ces mauuais,
Que son vouloir nous donne ou l'enfer ou la paix.
Que l'Esleu suit forcé la Grace qui l'appelle :
Et que des Reprouuez la race criminelle,
Vuide de tout secours par vn ordre Eternel,
Porte tousiours d'Adam le premier coup mortel.
    O ! que de ces Docteurs l'oppinion est dure,

Et que l'homme eſt cruel à ſa propre nature,
Bien nous prend que de Dieu le cœur pour l'vniuers
Soit plus tendre & plus doux que ceux de ces peruers.
Ils le veulent charger de ces rigueurs extrémes ;
Qu'ils ne pourroient ſouffrir en autry chez eux-meſmes.
Surpaſſent-ils de Dieu l'infinie bonté ;
Le neant eſt-il plus que la Diuinité :
Combien eſt-il plus doux, & plus Chreſtien de croire,
Que Ieſus par ſa mort nous offre à tous la Gloire,
Que le Pere appaiſé par ſon Sang precieux,
Appelle tout le monde au ſejour bien-heureux :
Qui paye par excez, il offre ſans meſure,
Sès ſecours & ſes dons à chaque creature,
Qu'ainſi par le pouuoir que nous donne ſa Croix,
Ou l'Enfer ou le Ciel deſpend de noſtre choix.
N'eſt-il pas plus ſeant à ſes bontez immenſes
De reſpendre par tout ſes amples influences,
De preſenter ſa Grace à l'Vniuers entier ?
Que reſſerer ſes dons dedans vn ſeul cartier :
Pourquoy tirer iamais de l'Abyſme du vuide,
Ce compoſé d'Années qui ſon Image ride,
S'il doit luy refuſer par ſon concours diuin
Le moyen d'atriuer à ſa dernier fin.

Auſſi par ſainct Leon l'Egliſe enſeigne-tele,
Dans ces mots Amoureux que luy fournit ſon zele ;
Que par le ſainct Triomphe en ſa Croix obtenu
Chacun peut recouurer le bien qu'il a perdu ;
Que ceſte nuict produict la clarté dans nos ames,
Qu'vne glace de mort eſt la ſource des flames ;
Que ce feu qui s'allume à l'eternel brazier
S'offre à tout l'vniuers pour le pacifier ;
Que le Sauueur mourant fait vne Grace entiere,
Que chaque ame ſe peut appliquer ſa priere ;
Que priant ſur la Croix, pour ſes perſecuteurs
A quel d'eux pourroit-il refuſer ſes faueurs :
Si dans ſon Oraiſon il excepte le monde,

Cela s'entend de ceux que sa veuë profonde
Voit qui malgré sa Grace, & malgré son secours,
A sa diuine voix feront tousiours les sourds,
Les Graces toutesfois à leurs ames offertes,
Remet entre leurs mains leur salut ou leurs pertes :
Mais du mesme œil qu'il voit qu'ils ne la voudront pas
Il voit qu'ils sont priuez du fruict de son trespas,
Et qu'apres tous les maux où son amour le liure,
Ils demeureront morts ayans pouuoir de viure :
Ainsi de sa vertu l'efficace pouuoir,
Dedans ceste Oraison se regle à leur vouloir.
Ainsi chacun en luy peut asseurer son calme,
Et par son Sang offert, faire croistre sa Palme,
Puis qu'ayant pris sur luy la nature de tous,
Pour tous de l'Eternel il charme le couroux,
Qu'il punit nostre crime & venge son iniure
Non pas sur le pecheur, mais dessus sa figure :
Ainsi Iesus s'offrant à ce sanglant Autel,
Est de tout l'Vniuers Sauueur vniuersel ;
De l'ame qui se perd aussi bien que de celle,
qui reçoit dans son cœur la diuine estincelle,
Pour auoir obtenu du Pere tout puissant,
Pour chacun des humains ce secours suffisant.
Ainsi quiconque veut a sa part à sa Gloire,
Il ne faut rien qu'aymer, perseuerer & croire,
L'vn refuse la Foy, l'autre croit sans vouloir
Ranger sa liberté sous les Loix du deuoir,
L'vn s'amende en vn temps, & puis reprend son vice,
Et trébuche au glissant de ce doux precipice,
Donc chaque Ame se perd faute de receuoir,
Ou conseruer la Grace en ayant le pouuoir,
Pour fuïr ses clartez l'vn ferme la paupiere,
L'heretique du Ciel refusant la lumiere ;
L'autre suit ses clartez, & rejette ses feux,
Pour nourrir dans son sein vn brasier mal-heureux :
Et chacun amoureux du lourd poix qui l'accable,

Pouuant se faire heureux, il se rend miserable,
Attaché laschement à son propre desir,
Il prefere à la Grace vn indigne plaisir.
Mais tel que sur la Mer, quand l'Astre de lumiere,
Quoy qu'il n'ait point fourny sa brillante carriere,
Rauit au sein du Ciel ses aimables beautés,
Lors qu'vn nuage espais nous voile ses clartés,
Que l'on en voit sortir l'impetueux orage;
D'vn naufrage certain, vn mal-heureux presage,
Qu'il creue furieux en cent foudres esparts,
Que mille tourbillons enflent de toutes parts,
Des abysmes profonds esleuant iusqu'aux nuës,
Des montagnes de flots aux escumes chenuës :
Les pallissans Nochers apres vn long effort
Voyant peints, dans les Airs cent images de mort;
Par les Princes ailez de ce liquide empire,
Qui contre vn Roc fatal font briser leur Nauire.
Apres cét accident si quelque homme du bord
Iette à tous à propos vn cordage assez fort,
Pour les retirer tous de ces eaux ennemies :
Si beaucoup de ces gens peu soigneux de leurs vies,
Refusent ceste corde, ou bien s'y prenants mal,
Doit-il pas estre dit leur sauueur general
Puisque peris apres ceste assistance offerte,
On doit seuls les nommer les autheurs de leur perte.
    Ainsi dans le débris de tout le genre humain,
S'il plaist à l'Eternel de nous tendre sa main,
Si son traict amoureux se presente à nos ames ;
Et s'il nous offre à tous ses clartés & ses flames:
Si bien loing d'accepter ce secours precieux,
Quelques-vns font les sours, d'autres ferment les yeux,
S'ils reiettent la Grace & meurent en leurs crimes,
Refusant vn effort pour sortir des abysmes.
Quoy que de leur salut ceux là soient peu ialoux,
Doit-il pas estre dit le Redempteur de tous?
Ne sauue-il pas tout, quoy que dans ce naufrage,

La plus part foient perdus à faute de courage:
Donc par la Grace offerte à tous ces pareffeux,
Ils font fauuez en luy, quoy que perdus en eux.
　　Que fi quelqu'vn s'enquiert depuis quand cefte Grace
De l'Vniuers entier a remply tout l'efpace,
Depuis quand les clartés brillent en tous les lieux,
Qu'vn mouuement fecret nous pouffe vers les Cieux,
Ie dis qu'elle eft du temps que fuft fondé le monde :
La puiffance Diuine en merueilles feconde,
Voulant de fa grandeur faire voir vn effect,
D'vn fragile limon fit vn homme parfaict,
Où formant liberal fa Diuine peinture,
Il fift en mefme temps la Grace & la nature :
Mais quand ce Roy nouueau qui regnoit deffus foy,
Vit Eue le prier, qu'il en reçeut la Loy,
Que pour plaire à fes yeux, fragilité de l'homme !
Il mordit hardiment à la fatale pomme ,
Dont le maudit poifon coule vne double mort,
Et nous engage tous deffous vn mefme fort.
Dieu du Thrône Eternel de fa grandeur immenfe :
Touché de fon mal-heur, fafché de fon offence,
En menaces tonnant contre ce criminel ,
Eue, luy, fes enfans eurent l'Arreft mortel :
Mais du foudre Sacré de fa faincte Iuftice,
Sortit le feu Diuin qui confomme tout vice,
Maudiffant le Serpent, il monftra fon deffein,
Que le iour de fon iour, le Verbe de fon Sein,
Viendroit du fang d'Adam rachepter fon offence,
Et defpoüiller l'Enfer de toute fa puiffance;
Ainfi Dieu ne fuft pas plutoft le Createur,
Du mal-heureux Adam, que fon liberateur
Dés ce temps Iefus-Chrift, quoy qu'auant fa Naiffance
De fon Pere Eternel arrefta la vengence :
Et ce Dieu Souuerain qui renferme & qui joinct
Dans fon Eternité, tous les temps en vn poinct,
Vit fon Fils fur la Croix appaifer fa colere,

Et de Iuge deſlors il deuient noſtre Pere.
  Ainſi quoy que Ieſus naiſſe au milieu des iours,
Du premier iour le monde a reçeu ſon ſecours :
Et dés ce iour la Grace en chaque Creature,
Deſcend inceſſamment iuſqu'à la ſepulture.
Le Patriarche Sainct, le Prophete fameux,
L'Apoſtre, le Martir & tous les bien-heureux ;
Sauuez en diuers temps par vn meſme merite ;
Suiuant d'vn meſme guide vne meſme couduite ;
Sous trois diuerſes loix frayant meſme chemin,
Sont arriuez chacun dans le ſejour diuin :
Ce n'eſt pas que ces loix puiſſent ſauuer perſonne,
Aux merites d'vn Dieu ce ſeul pouuoir ſe donne :
Mais par la Grace offerte en toutes ces trois loix ;
Chacun peut reſſentir les effects de la Croix.
Comme Adam, Abel, Iob en celle de nature ;
Moyſe dans l'eſcripte où reigne la figure :
Et puis l'vmbre cedant à l'aſpect gracieux,
Du Verbe qui pour nous eſt deſcendu des Cieux,
Dieu dans ſa loy derniere augmente ſes largeſſes,
Et prodigue à ſes ſaincts ſes plus grandes careſſes.
  Doncques la Grace eſt née & ſon ſecours donné ;
Auant qu'en Bhetleem le Redempteur fut né :
Ne laiſſant point d'obſcur dans cette terre ingrate ;
Qui m'eſcognoit ſon iour, ou ſon beau iour n'eſclate :
Elle deuance tout, precede tout Eſtat,
Royaume, Republique, Empire, Conſulat ;
Les Faſtes des Romains de ſi vieille memoire,
Le ſiecle des Geants, les Fables, & l'hiſtoire,
Les affaires de Perſe, & des Aſſiriens,
Les Annales des Grecs, la guerre des Troyens :
Tout cela ieune aupris de la Grace diuine,
Eſt tard venu depuis qu'elle nous illumine.
  Eſclat ſur-naturel que Dieu dés le matin,
Eſt preſt de nous donner, dit le grand Auguſtin :
Quoy que ſouuent nos cœurs par des laſches foibleſſes

Pour l'esclat d'vn faux bien refusent les richesses,
Mais comme le Soleil ne se lasse iamais
De luire sans cesser en son brillant Palais,
quelque nuage espais qui luy voile sa face ;
De mesme ce rayon luit tousiours quoy qu'on fasse.
Aussi depuis Adam iusques à l'Antechrist,
Cette Grace, le prix du Sang de Iesus-Christ,
Luira sans s'eclypser ; l'aueugle volontaire,
Sera le seul priué de son iour salutaire :
Dieu de s'offrir à nous ne s'est iamais lassé ;
Il cherit son portraict quoy que presque effacé :
Son cœur estant touché d'vne amoureuse atteinte,
Dés qu'il regarde en nous sa diuinité peinte.
Donc pour nous reformer sur son original,
De toutes ses faueurs il se rend liberal :
Il presse le pecheur, le menace, l'apelle ;
Et craint d'estre contraint de punir ce rebelle,
Sa bonté veut tousiours releuer nos langueurs,
Il nous veut sauuer tous, non captiuans nos cœurs,
Par ce que l'homme est libre, & qu'il sçait, ou qu'il vse,
De cette liberté qu'il accepte ou refuse :
Soit le bien, soit le mal, agissant librement,
Dieu doit rendre à chacun vn iuste iugement.
Or dans l'vsage franc d'vne franche nature,
Il est vray que celuy qui rend son ame impure :
L'infidelle opposant son esprit à la Foy,
Le Chrestien refusant de viure sous sa Loy,
Faict contre le vouloir du Monarque supresme.
Mais sans le surmonter, Dieu demeure luy mesme,
Inuincible sur tous quoy que contre son gré,
De la voye du Ciel leur cœur soit esgaré :
Il faict pourtant en eux sa volonté diuine,
Son pouuoir eternel sur tout pouuoir domine :
Car s'ils ont mesprisé ses diuines bontés,
Ils sentiront l'effet de ses seuerités.
Ainsi sa volonté n'est iamais surmontée,

G

Du Mauré, du Chreſtien, du Iuif ou de l'Atthéé,
Bien que diuerſement tous obſeruent ſes Loix,
Refuſant ſon ſecours, reſpondant à ſa voix ;
Au lieu que les pecheurs vaincroient, ſi ſa Iuſtice
Ne vangoit ſes bontés au feu de leur ſupplice.

Allez donc maintenant publier, cœurs ingrats,
Que mon Dieu ne veut pas ſauuer les Scelerats :
Parce qu'à ſon vouloir tout vouloir eſt flexible,
Qu'il exerce ſur tous vn pouuoir inuincible ;
Allez dire cruels qu'aux ſeuls predeſtinés,
Les Sainéts fruiéts de la Croix ſont ſeulemenr donnés:
Qu'il obtient pour eux ſeuls ſes Graces abſoluës,
Qui triomphent touſiours dans les ames eſleuës :
L'Egliſe en chaque ſiecle à maudit cét erreur,
Les Peres de tout temps en ont eu de l'horreur :
Tout Concile approuué, l'Eſcriture celeſte,
Et tout Chreſtien inſtruiét d'vn accord la deteſte ;
En vain du gouffre noir ſort ce furieux vent,
Qui vient troubler le ſimple, allarmer le ſçauant,
Allumer en nos iours la flame d'vn faux zelle,
Sapper vne ame foible, & troubler la fidelle.

Ie croy mal-gré Caluin que Dieu mon Souuerain
Eſt Pere & Redempteur de tout le genre humain :
Et qu'à tous ſes enfans il offre leur partage,
Que pas vn n'eſt priué de ſon ſainét heritage,
Si ce n'eſt ces maudits qui luy ferment le cœur,
Qui meſpriſant ſa Grace attirent ſa fureur.

Ie croy que l'homme ſeul peut mourir miſerable,
Qu'auſſi l'homme tout ſeul peut ſe rendre coupable ;
Mais que nul des Humains auec ſon propre effort,
Ne ſe peut releuer de l'vne & l'autre mort :
Pour ce miracle il faiét la vertu ſans ſeconde,
De ce bras eternel qui forma tout le monde :
Qui tranche les liens dont l'homme eſt attaché,
Et deſtruiét quand il veut la mort & le peché.

Ie croy que de mon Dieu vient la Grace premiere,

Ce mouuement au bien, cét esclat de lumiere :
Qu'il preuient mon merite, & mes eslections ;
Precede mes desirs, meut mes affections.
Mais ie croy bien aussi que sous son influence,
L'homme libre a tousiours le droict de resistence ;
Et Paul qui nous coniure au nom du Souuerain
De ne point receuoir chez nous la Grace en vain :
Nous monstre bien qu'elle est tellement presentée,
Qu'elle est, si nous voulons, reçeuë où rejettée ;
Qu'elle esmeut sans contrainte, & presse sans forcer ;
Nous presentant vn bien qu'on peut prendre ou laisser.
   Ie croy que tout mortel si tost qu'il a l'vsage
D'vne entierie raison reçoit cét auantage :
Que souuent le Payen a son esprit esmeu,
Par l'inuincible effort d'vn pouuoir incogneu :
Qui le porte à chercher la source de son estre,
D'aymer ce Createur qu'il ne peut pas cognoistre :
Et que par Iesus-Christ ce mouuement au bien,
Est merité pour tous Chestiens, Iuif, ou Payen,
   Que si Dieu quelque-fois par vn coup de merueille ,
Veut monstrer aux mortels sa grandeur sans pareille :
Et si sur quelques-vns ses liberalités
Versent tous les Thresors de feux, & de clartés ;
Estant maistre absolu de toutes ses richesses,
Peut-il pas comme il veut en faire ses largesses,
Comme l'Astre du iour dont les brillans rayons,
Font naistre en l'Vniuers tout ce que nous voyons ;
Choisit certains endroits pour faire des minieres
Propres à faire l'or, par l'or de ses Lumieres :
Il change en d'autres lieux la Roche en diamant,
Fait en d'autres terroirs de l'argent seulement,
Et s'il meurit icy des moissons & des gerbes,
Il ne produit ailleurs que des fleurs, & des herbes :
De mesme des mortels le commun bien-Facteur ;
Faict, quand, il veut vn Paul de son persecuteur :
Il transforme en pur or d'vne Charité sainte,

L'illuſtre Pecher eſſe où ſa clemence eſt peinte,
Il durcit ſes Martirs en Rocs de diaments
Ce Souuerain ſur tous agit diuerſement.
Mais quoy qu'il ayt pour tous ſa meſure ineſgale,
Sa bonté toutesfois ſur tous eſt liberale.
 Sois adoré Ieſus, Sauueur qui ſauues tout,
Qui verſes tes bontés de l'vn à l'autre bout :
Tous les morts en Adam peuuent en toy renaiſtre,
Cher autheur de nos biens ; doux ſouſtien de noſtre eſtre :
Ta Grace ſe reſpend ſur tout cét Vniuers ;
Ta pluye arouze tout excepté les Enfers :
Et tous les habitans de ce mortel Empire,
Ont leur ſalut en toy ſi toſt qu'on le deſire.
Mal-heur à moy, grand Dieu, ſi mon eſprit peruers,
Dit que faute de toy ie me damne & me pers :
Mon naufrage n'a point de cauſe que mon crime,
C'eſt mon ſeul mouuement qui me pouſſe en l'abiſme ;
De mon ſort mal-heureux i'ay la ſource chez moy,
Et ie trouue mon Port, quand il me plaiſt en toy ;
Tes bras touſiours ouuerts pour receuoir nos ames,
Offrent à tous viuants le threſors de tes flammes.


## F I N.

9 782012 844773